W0066010

EDITION BELLETRISTIK

Grenzwerte

MAX CZOLLEK

Quartheft 76 | Edition Belletristik
2. Auflage
ISBN 978-3-945832-34-9

© 2021 Verlagshaus Berlin
Chodowieckistraße 2, 10405 Berlin
Alle Rechte vorbehalten.

www.verlagshaus-berlin.de

GEDICHTE: Max Czollek
ILLUSTRATIONEN: Mario Hamborg
LEKTORAT: Jo Frank
GESTALTUNG & SATZ: Dominik Ziller
SCHRIFT: Grenze, Brandon Grotesque
BUCHDRUCK & ·BINDUNG: Druckerei Totem / Printed in Poland, 2019
PAPIER: 90 g/m² Amber Graphic / 250 g/m² Iceblink weiß

WEITERE TITEL VON MAX CZOLLEK IM VERLAGSHAUS BERLIN:
Druckkammern / Edition Belletristik / ISBN 978-3-940249-52-4
A.H.A.S.V.E.R / Edition Binaer / ISBN 978-3-945832-16-5
Jubeljahre / Edition Belletristik / ISBN 978-3-945832-00-4

Das Verlagshaus Berlin wurde 2018 mit dem Förderpreis des ersten Berliner Verlagspreises sowie 2019 und 2020 mit dem Deutschen Verlagspreis ausgezeichnet.

Alle Titel, die im Verlagshaus Berlin erscheinen, werden im Literaturarchiv Marbach, im Lyrik Kabinett München und in der Deutschen Nationalbibliothek archiviert.

Grenz
Werte

MAX CZOLLEK

MARIO HAMBORG

für Corinne

dies ist kein konfessionelles gedicht

wie immer, wenn jemand seine kamera
auf mich richtet, muss ich lachen

wie wenn andere klatschen, klatsche ich auch

wie ich baue einen unterstand aus decken
und sage: hier sind wir sicher

wie ich habe keine lust mehr
wenn ich dich jiddisch sprechen höre
eine kerze anzuzünden

wie manchmal hoffe ich
du durchschaust meine einfachen lügen

wie mein herz ist eine synagoge
wird tag und nacht bewacht
trotzdem brennt es ab

wie ein gedicht, das sagt: bitte gehen sie weiter
es gibt hier nichts für sie zu sehen

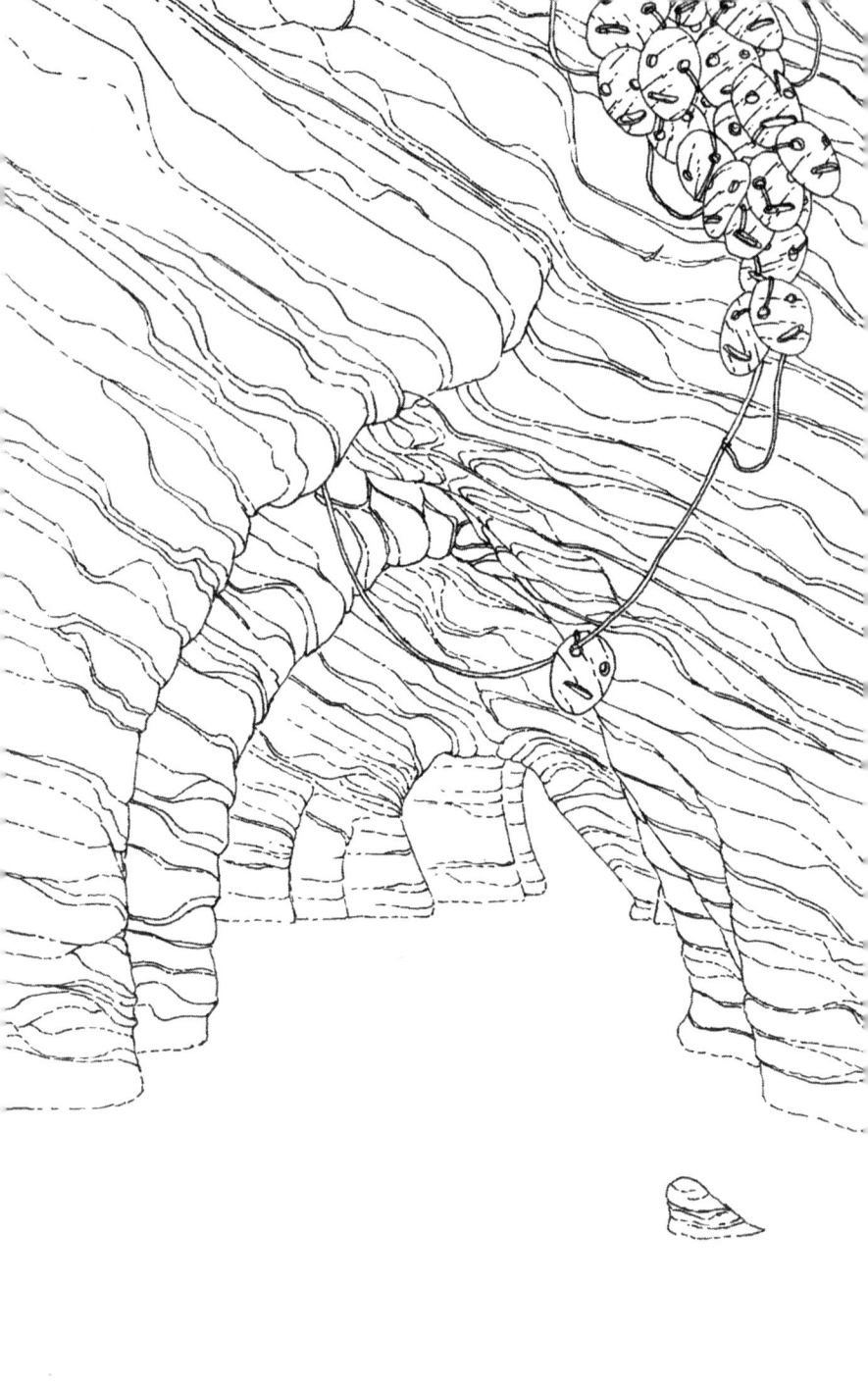

inglourious
poets

siebzehnter januar

zu wenig pulver im stift, jubiläen in die luft zu jagen

flaschen auf die brust gesetzt und abgedrückt

dieses loch, in das zu viel hineinläuft und zu wenig hinaus

mein junger vater, der neben mir ans fenster tritt

czollek schenkt den deutschen ein gedicht

das linke auge zum sehen, das rechte auge zum bleiben

trauer heißt so viel wie: nieder mit allen

ein gefühl wie eure großstädte nach dem luftangriff

streusalz als klebestreifen, mich festzuhalten

zieht mir die kabel aus dem herzen, seid doch schon aufgeladen

edikt von thessaloniki

schießstand der witterung
die kalkige rückseite der altbauten

ministrantenmurmeln
in den räumen des jüdischen museums
mobile ausstellungsstücke

auf den fotografien läuft eine durch die straßen
zieht die toten aus den kellern
lächelt den krieg zugrunde
verliert fünfundzwanzig jahre
dreht sich in das objektiv und schreit

ich habe immer nur geschrieben
um einen ausweg für die vergangenheiten

den deutschen soldaten
aus dem bild zu reißen
für das knacken jedes seiner knochen unter dem stift

halachisches gedicht

auf dem flug nach tel aviv
ist der steward ein getarnter messdiener
serviert tee wie opferkerzen

von tammus bis elul
transportierte easyjet zweitausendsechzehn
über sechs millionen passagiere

das gefühl bei der passkontrolle
ich bestünde aus unlasiertem ton

vielleicht wurde das projekt turmbau nicht beendet
dauert bloß länger als gedacht

harmonie ist eine flugverbotszone
die nur von der UN verhängt werden kann
und der traut hier eh keiner

faustregeln

am hauptbahnhof fallen nur die stahlteile runter
die ohnehin keiner braucht

wenn ein französischer philosoph fragt
ob er dich massieren darf
sag: brennt da hinten etwa notre dame?

wenn du bei einer lyriklesung bist und nichts verstehst
bist du richtig

wenn du in einer schlucht stehst
und eine herde gnus galoppiert auf dich zu
kletter auf den fahnenmast

wenn dir ein pokemon in auschwitz auflauert
wirf einen ball nach ihm

wenn du deinen bachelor für literarisches schreiben hast
komm nach berlin

wenn du in einer schlucht stehst
und die persische armee rückt an
stelle dich gut mit den buckligen

wenn du in einer schlucht stehst
und ein deutscher soldat kommt auf dich zu
zieh dich schon mal aus

reagiere auf kritik
wie nationalspieler: mal bist du hund, mal der baum

inglourious poets

wer ist dieser typ, der nicht geheilt werden will

der blumenläden tauft auf traurige täter

der sträuße weißer lilien, unplugged in amsterdam

der so hungrig ist, der beißt ohne grund

dessen erste regel heißt: nie wieder, die zweite: immer

der sagt, wenn ihr dieses spiel spielen wollt
dann spielen wir dieses spiel

der handydisplays sieht wie lichtsäulen beim parteitag

der ein grabmal errichtet für gefallene flocken

der euch alle schon mal im letzten leben besiegt hat

der sagt weiter geht's, ich habe endlos munition

(für j.f.)

berlin, rudolfplatz

der kinderspielplatz ist so klein geworden
dass ich ihn in der manteltasche
herumtragen kann

grüne welle des grenzgebüschs
schlägt nicht mehr über mir zusammen

blaue stunde, in der die maikäfer
wuchtig und metallisch
aus dem boden
steigen wie ein rückwärts
laufendes diktaphon der großväter

und sollte sich dieser park
nachher noch um neunzig grad drehen
erklimmen wir den abendbrokat
wie eine himmelsleiter

wenn jemand fragt, antwortet bitte:
dem hat die hand gezittert
darum hielt er seinen stift in der faust

potentielles beichtgedicht

ich gestehe, ich saß auf einem podium
und habe judenwitze erzählt

tötete boris lurje, um ihm ein denkmal zu errichten

gestehe, ich habe alle gasagplatten berlins
im stolpersteinregister eingetragen

wollte einen bademantel kaufen
aber kam zurück mit einem kochbuch
für entflammte protestanten

überfuhr am 6. mai drei körper
mit meinem panzer
oder den gleichen körper dreifach

die lautstärke der motoren ist ein echtes problem
bist du der fiddler auf dem dach

komische oper feat. bushido

die letzte bahn eine plantage
aber das macht menschen
auch nicht glücklicher oder klüger

würde der typ gegenüber
sonst in mein notizbuch schielen
als bemerkte ich es nicht?

ich brauche diesen aufzug ins bett
wie koskys zauberflöte
oder einen totalen krieg

guck endlich weg, kollege
wenn ich mit dir fertig bin
brauchst du eine delphintherapie

wirst verstehen, weshalb
gott dir beine gegeben hat, warum du
turnschuhe trägst

wo ich herkomme, lässt der endboss
für gewöhnlich seltene gegenstände fallen
das motiviert

istanbul im märz

ich war bei der besetzung des gezi-parks
und als die polizei tränengas warf
bin ich abgehauen

das erste mal seit dem tod meines vaters
habe ich geweint

ich wusste nicht, dass hunde auch weinen können
postete eine pusteblume
brannte in dauerschleife ab

in istanbul steigen die hauspreise
in istanbul ist ein erdbeben überfällig
in istanbul heiratet man auf booten

ich berge auerbachs mimesis
und ökologisches olivenöl
im dunklen beutel aus stoff

in istanbul leben drei millionen geflüchtete

wie weit muss ich mich davon entfernen
um sagen zu können
die geschichte mündet im bosporus?

für die beruhigende gewissheit
nächstes mal werden erst moscheen brennen
dann die synagogen

zweite absichtserklärung

es ging um die bodenplatten der autobahn vor berlin
um ihren marschgesang

darum, dass ich als kind schon nicht
unterscheiden konnte zwischen baum und baum

um die vielen lesereisen mit der eisenbahn
als aufdringliche metapher

um das offensichtlichste
darum, nicht unter der hoffnung anderer zu leiden

es ging um die stunde vor schabbat als stille
für die ich in keiner meiner sprachen
ein passendes wort finden kann

um eine möglichkeit, über sich selbst zu sprechen
ohne sterne, mauer, milch, weimar

merke: es liegen noch immer genug steine im gleisbett

nachrichten
aus marathon

27. September

der wechsel der jahreszeit als amnesie, fehlende kalenderblätter. ich kann mich nicht mehr an sommer erinnern, die brandflecken auf meinem sweater, schwarze löcher. entferntes zwitschern aus den gasküchen meiner kindheit. fiebernder 27. september. stapfen durch honiggelbe räume mit reduzierten sitzmöglichkeiten. lyrik findet mal wieder keinen stuhl. stand schon in einer schulhofecke, während ich steinschleudern spannte. schlechte nachrichten aus marathon. reise nach jerusalem. habe ich je verknüpft, worüber zu schreiben wäre und worüber ich schrieb?

28. September

ihr wisst doch, dass ich östrogen in das trinkwasser leite. mit aba kovner waffen schleife. am ende der reproduktionsfähigkeit des papierbleichen, polarkappenrissigen mannes arbeite. meine zwischen haganah und freddy mercury zum spagat gespreizten beine. jewish pride. ein dichter schreibt: erst, wer in beide richtungen zu blicken wagt, darf sich zeuge nennen. muss mir also öfter einen weißen spitzhut aufsetzen und fackeln schwenken. seit ich weiß, dass dichtung fliegen lehrt, trage ich die ironie wie blei an der hüfte.

29. September

ich sehe den vater vor jahren in der küche stehen und sagen: ich verkleiner meinen wortschatz und streich das wart noch. dieses gefühl, als wäre beim reißverschluss der schieber kaputt. da plante die eine hirnhälfte die flucht, während die andere behauptete, dass man sie mit den füßen voran aus dem land tragen muss. sehe mich im flugzeug nach portugal sitzen und sagen: ich erweitere hochzeitsbesuch um asylantenstatus. werde mit tarnkappen tanzen und trinken gehen mit falschen bärten. ein leben lang songtexte gehört und nun bin ich klug wie bibelforscher.

30. September

fällt das licht der utopie scheinwerfergleich, heiraten zwei. verstauen zeilen von
rumi in plastikflaschen, schleudern sie richtung gezeit. wird schon wer finden
der sich daran festklammern kann. angemessen wäre: das gedicht beschwert sich
bei der welt, dass sie nicht seinen ansprüchen entspricht. klippenwärts den blick
wie zeppeline, rettungskommando für menschenkonfetti, um schlauchboote verstreut.
beschreibe ich den himmel darüber als augenhöhle, ist das meer eine innere
blutung. angemessen wäre: die welt läuft aus dem ruder und das gedicht läuft mit.

1. Oktober

zweig hat beim verzweifeln in petropolis nicht gefroren. feuchtwanger räkelte
sich auf einer strandliege, folgte einer cloud. die stimmung in portugal baumelt
wie lampions in einer moschee, wie hohe feiertage das verbot, bis zum abend
über politik zu sprechen. das poolwasser als zweite schicht fliesen, über die ein
gummitoucan migriert, trikolore und hängender kopf. am bildrand rankende
blüten wie feshüte. würde sie gern näher beschreiben, aber jedes wort trägt mikro
schichten farbe ab. darum werden wir alle als schwarz-weiß-aufnahmen enden.

2. Oktober

um zur seite zu sehen, muss der koboldmaki den kopf bewegen, seine augen sind schwerer als sein hirn. ehrlich wäre: wir haben viel mit ihm gemeinsam, den starren blick und den beweglichen hals. darum entzünden wir feuer wie pagoden lassen zugbrücken hinab und bringen die mauren zurück nach al-gharb. historische dehnübung, lyrisches yoga, sonnengruß. zum final leuchten die wolken wie um gestülpte gebirge. der gedanke, man könnte diese erde durch einen der glühenden wolkenpässe verlassen. und hätte mal keine ahnung, was anschließend geschieht.

3. Oktober

ob es wirklich nur bei worten bleibt, ob wir an den fjorden sitzen ohne zu weinen
ob wir nicht anstehen werden um dinkel, roggen, haferflocken, ob wir an meere
fahren ohne die eigene flucht zu planen, ob wir singend durch buchenwälder
ob wir die leeren flaschen weiterhin zu containern statt zu tankstellen, ob die
sicherheitszäune europas uns nicht einsperren werden, ob die freundinnen einen
verraten, ob wir wieder beten lernen vor hoffnungslosigkeit, ob geschichte unsere
größte verletzung bleibt, steht noch dahin, steht alles noch dahin.

notizen zum zaun

der zaun ist ein aufrechtes schachbrett

der zaun ist das matthehäft vor dem sitzenbleiben

der zaun ist ein abtropfsieb für große nudeln

der zaun trägt natodraht als girlande auf dem kopf

der zaun ist ein nervöses starkstromkabel

der zaun ist ein aus streckmetall gestrickter schal

der zaun ergibt mit anderen zäunen von oben gesehen einen zaun

der zaun ist ein spinnennetz nach dem regen

der zaun ist eine semipermeable oberfläche ohne synthese

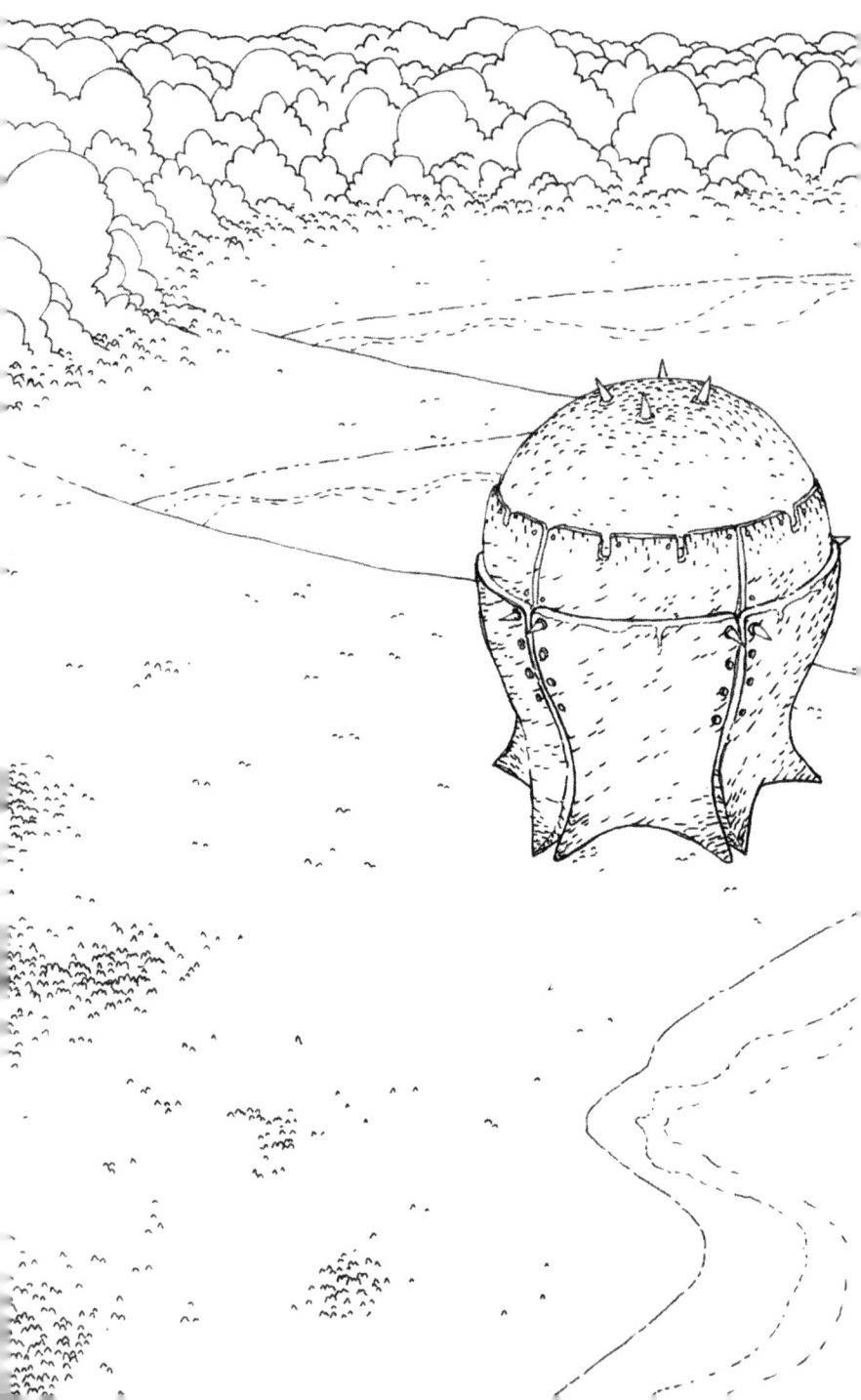

verschwörungs theoretische gedichte

gründe dafür, dass der yssykköl mich enttäuschte

die saurierdioramen im naturkundemuseum

bulgarische steppe des gojko mitić, winnetou von babelgrad

am webstuhl der berge zerschlissene wolkendecke

nächtliche topographie der area 51, wo sie die mondlandung abgedreht haben

körperschatten in zwei unterschiedlichen bahnen

am windstillen ufer deine wehenden haare

handydisplay, auf dem wir aussehen wie originale

gravierender mangel an sternenlicht im wolkenlosen rahmen

in der vergrößerung die fehlenden muttermale

braquewasser eins

dein blick exerziert den strandbogen hinab
sagt, wir sind schifferklaviere
die mit dem alter
zusammengedrückt werden

vor der unterkunft empfängt uns
eine katze im hautengen talar
fixiert die leere hinter uns, als würden wir begleitet
findest du das nicht auch verdächtig?

dieser mann mit tumornarbe am hinterkopf
der dem geistlichen die hand küsst
die wenig später kartoffelchips aus einer tüte fischt
im mund verstaut wie hostien

verschwörungstheoretische eingabe #72

in den vergangenen tagen habe ich viel
über den wäscheständer nachgedacht
dass er zäunen ähnlich sieht
nun frage ich mich
ob die wäscheständerlobby
die europäische grenzpolitik diktiert
oder ob die angelegenheit sich umgekehrt verhält

braquewasser zwei

weil gletscher in ihr abgeschmolzen sind
ist die ostsee weniger salzig
und kälter ergänzt du

im sommer ist es besser
sich früh zu betrinken, sonst kommen die mücken
dann schläft man nicht ein

die erwärmung der erde ist eine legende
wir gewinnen meerwasser
aus unseren augen, die steigenden pegel

wie macht man das: zusammenbleiben ohne zweifel
dass wir als lyrisches personal nichts taugen

zimzum 2015

bei der erschaffung der welt
zerbarsten die großen plasmabildschirme

darum die pixel am strand
darum rauscht das meer in griechenland
hat keinen empfang

kann sein, das heilige licht verteilte sich
die steine wurden verrückt

eine berührung riskiert ihr gleichgewicht

und eine gegend, die gerade noch aus palmen
und bauvorhaben bestand
verdichtet sich zu einem körper

der angespült wird über nacht

verschwörungstheoretische eingabe #34

die erwärmung des klimas
ist maßnahme 248
zur rückgewinnung hyperboreas

war von anfang an der plan
als die futuristen die mechanisierung
der welt forderten

ihr erfolg hätte uns einiges erspart

zwei hypothesen zu isfahan

—

nachdem ich buchara
isfahan und jerusalem gesehen hatte
war mir klar
dass moscheen
teleportationspunkte sind

man muss bloß
die oberste stufe der prophetentreppe erklimmen
und das glaubensbekenntnis
rückwärts beten

schon stülpt der raum sich um
streichst du ihn mit dem augenrücken glatt

—

bei ihrem auszug aus jerusalem
entnahmen die weisen
bodenproben und einige schläuche wasser
aus dem nahe fließenden jordan

an jedem ort, der für ein exil in frage kam
stellten sie vergleiche
mit ihrem taschenjerusalem an

es wird berichtet, dass die juden
sich endlich einigten
als sie in isfahans wassern die richtige härte
und in seiner krume die richtige dunkelheit fanden

izmir am 19. mai

in den felsen geschlagener kopf
atatürk hat einen tunnel
im frontallappen

stehen wir an der braunen see
deuten sie wie kaffeesatz

vor dem swissotel
flocken fussballfans
hundert meter dahinter freunde
des nationalen geflatters

am horizont das große ankern

brechen bengalische tiger
aus allen händen

ob es an den palmen liegt
dass izmir beim ersten schritt wirkt
wie ein zitat

beim zweiten wie eine vorhersage

verschwörungstheoretische eingabe #87

die berühmten figuren
auf den osterinseln
tragen streimel
wie um uns zu erinnern
dass wir nicht festgelegt bleiben
auf das stetl in dem wir geboren wurden
oder in das wir uns begeben
weil das wetter besser ist
und die wälder dichter
um dort zu leben wie zuhause

persepolis

europäisch ist:
erst verbrennen wir die akropolis
dann zerstören wir persien
um uns zu rächen

eidechsen wie diogenes
fangen erst an zu sprechen
wenn du ihnen in die sonne trittst

bist du ein könig auf dem feldzug?

möglich, die säulen
sehen nicht nur aus wie schornsteine
sind teil einer nekropole
deren bewohnerinnen darüber spekulieren
was nach dem tod kommen wird

beim patentamt einzureichen

obwohl die spitzen der minarette
in alle himmelsrichtungen weisen

sie zur selben zeit den gebetsruf
durch blechtrichter schreien

obwohl auch der text sich gleicht
ist jeder muezzin ein akustischer leuchtturm

jemand müsste das archivieren
die signaturen verzeichnen

dann verirrte sich keine mehr
im wuchern urbaner räume

müsste nur auf das gebet warten
zur bestimmung der eigenen position

verschwörungstheoretische eingabe #15

nach den ersten sonnentagen
war mein gesicht voller schnipsel
mein hausarzt diagnostizierte trockenheit

ich aber wusste: die konfettiindustrie
sammelt die flocken von der mülldeponie
färbt, presst und verpackt sie
für sommerwochenenden
jenseits der innenstadtgrenzen

berlin am 1. mai

die erde dreht sich schneller
als der schall, deshalb hören wir die arktis
nicht schmelzen

halten still uns in den gläsern
der sonnenbrillen gegenseitig zu betrachten

tragen bandagen
als hommage an verlorene straßenschlachten
oder weil die technoszene altert

es ist doch so: ein gramm speed
ist billiger als zwanzig pappbecher kaffee

auf dem teufelsberg
soll man der stadt beim denken zuhören können
wir fahren hin, hören nichts

es ist alles ganz anders:

im aufgedrehten duschkopf braust ostsee

windräder treiben die erde voran

wolken sind schatten der spaziergänger am strand

der tag ein weiß gewaschener stein

vielleicht weißt du es nicht
aber dein gekrümmter rücken gleicht den schafen
auf einem norddeutschen deich

dein gebrochenes herz einem geteilten meer

das möwengeschrei dem hohelied für neue musik

einem fahrplan die verlustanzeigen

am horizont der fleck von dem nicht sicher ist
ob patroullienboot oder walfisch

fragen an edward snowden

wenn wir mit einem bein aus dem fenster steigen
wem gehört dann das bein?

ist es ein problem, dass ich dreißig bin
und immer noch kein bewegungsmuster habe?

ein freund hat mir abgeraten
oral- und analsex gleichzeitig auszuprobieren
was meint er damit?

wenn ich schon einmal in bielefeld war
existiert dann die stadt, oder arbeite ich für den cia?

welche gegenstände muss ich bei drospa kaufen, um verhaftet zu werden?

leuchtet ein körper, nachdem man ihn mit plutonium vergiftet hat?

wenn ich mein wlan schon im hof empfange
wo beginnt meine wohnung?

können fische schwitzen, oder warum ist das meer salzig?

bin ich retro, wenn ich „nie wieder deutschland" sage?

was geschieht, wenn ich nach einem blowjob
in eine messerstecherei gerate?

warum heißt das handschuh und nicht handsocke?

ist eine fehlerhafte autokorrektur auch ein freudscher versprecher?

warum war chagall ein gefragter künstler?

welche musik hört man, während man sich den sprengstoffgürtel anlegt?

sind chemtrails ein grund, die hausaufgaben nicht zu machen?

haben die juden auch das world trade center gesprengt?

wie weit kann ich gehen, bis das hier wehtut?

wer verkaufte ingeborg bachmann die letzten zigaretten?

warum landen meteoriten immer in kratern?

werde ich, wenn ich gin tonic mag, schneller zum psychopathen?

kann mir jeder deutsche eine gute wurst besorgen?

brachte der mörder trotzkis den eispickel nach mexiko
oder kaufte er ihn vor ort?

wie lange sollte ich meinen hamster in der mikrowelle trocknen?

was kostet zyklon b?

sagte der zweite hoden hitlers zum abschied leise grüß gott?

warum werden pferde nur so alt wie jazz-sängerinnen?

liegen vor dem reichstag nun flüchtlinge begraben?

hat der papst dich wirklich heilig gesprochen?

wird, sobald ich schutzraum sage, die sprache zu einem luftangriff?

einsichten zum renault

renault ist ein tonarm auf dem seitenstreifen

renault ist ein thrombozyt der straße

renault ist eine menschendose

renault ist lebensraum auf einer strategischen karte

renault ist ein undichtes uboot

renault ist unbefristete beugehaft für kekskrümel

renault ist mit babysitz ein mutterbauch mit klimaanlage

renault ist ein geschoss auf der strandpromenade

alternative fakten über den bosporus

in tarabya sitze ich vor fenstern wie fadenkreuze. stirnwärts der bosporus, im rücken ein deutscher soldatenfriedhof. als säße ich in einem meiner gedichte.

der name leitet sich aus dem griechischen therapia ab. konkret heißt das: ein tee häuschen, ein tennisplatz, ein rosenhain, acht pflanzenpfleger, der angrenzende hochumzäunte präsidentenpalast.

ich schreibe nachhause: hier ist die erde stempelkissenfeucht. hier gibt es keinen himmel. die uferpromenade stanzt mir einen milchigen halbmond auf die pupille. wenn ihr das symbolisch verstehen wollt, versteht ihr es symbolisch.

fenster wie fadenkreuze. vor mir der bosporus, der kein fluss ist und kein meer der sich den kategorien entzieht, die ich von zuhause kenne: spree oder ostsee. rhein oder müritz. der bosporus ist der bosporus. sonst nichts.

einer der gärtner erzählt mir vom vergangenen jahrhundert. auch damals deutsche botschaft. auch damals soldatenfriedhof im rücken. versteckte waffen und eine enigma maschine, spickzettel des zweiten weltkrieges fürs schiffe versenken.

schaue ich früh auf den bosporus, sehe ich delphine vorbeischwadronieren. bloß ihre rückenflossen blitzen heraus. die unregelmäßig gezackte walze eines fleischwolfs.

im frühjahr drängen sich die menschen am ufer, halten schnüre in das wasser. mich täuschen sie nicht. sind keine angler, sondern bauarbeiter, die mit dünnen stahltauen das überfüllte mehrzweckbecken fixieren.

tags ziehen die frachter mit roten bäuchen wie ladebalken, wird das zimmer zum aufgeklappten laptop, die dielen zur tastatur, meine füße fingerspitzen. in diesen momenten habe ich nur noch zwei.

einer der gärtner erzählt, dass die codemaschine im garten vergraben wurde. daher sei der rasen verschlüsselt. ich presse meine ohren auf den feuchten boden verstehe nichts. etwas muss dran sein an der geschichte.

als die franzosen fuß fassten, fingen sie von jeder vogelsorte zwei exemplare und präparierten sie zu standbildern. die toten tiere befinden sich seit zweihundert jahren im lycée saint-joseph in moda. eine arche noah, nur umgekehrt.

um zu den toten deutschen zu gelangen, muss man vorbei am rosenhain, am kindergarten, eine teppichgrüne steintreppe hinauf, einen schrägen waldweg. die toten haben dort oben eine gute aussicht. warum eigentlich?

ich möchte festhalten: der delphin, der vor einem rot glühenden sonnenuntergang den eigenen körper in 45-grad-krümmung vollständig aus dem wasser katapultiert ist ein von postern der apothekenrundschau verbreitetes gerücht.

durch die fensterfadenkreuze sehe ich eine konstruktion mit weißen flügeln
könnte ein stufenlos verstellbarer schirm sein. oder ein saugnapf, der dafür sorgt
dass das café darunter bleibt wo es ist. und nicht nur das café, sondern tarabya.
und nicht nur tarabya, sondern die soldaten. und sage ich soldaten, meine ich uns.

verordnung für ein plastikflaschenmuseum: man miete ein floß und ankere am
goldenen horn, pinsele jeden tropfen, überprüfe, ob erinnerung daran festsitzt
eine träne kassandras, ein schweißtropfen alexanders. bei erfolg stelle man das
wasser unter denkmalschutz.

die zum ausbluten aufgeknüpften kadaver am ufer, lichterketten für das kommende
opferfest.

wenn im osten der türkei geliebte menschen sterben, was derzeit häufiger geschieht versammeln sich die freunde, freundinnen und verwandten der toten. aber anstatt zu weinen, erzählen sie sich fröhliche geschichten über die verstorbenen. man bezeichnet diese stimmung als gelbes lachen. ich denke, das ist eine wendung die dem deutschen fehlt.

mein lieblingssoldat heißt paul hünermörder. bei sonne setze ich mich zu ihm und denke mir sein leben aus. die urnenriege eine versiegelte klagemauer. die marmorkiesel aus den fugen gefallene wünsche.

wer weiß schon, ob die toten es mögen, wenn wir zwischen ihnen spazieren.

die welt ist landunter völlig unbrauchbar, klagt eine freundin, die ihr mikrophon in die flache uferzone hält. viel zu laut. auch die bosporusdelphine magern aus wegen akustischem stress. manche bezeichnen das als istanbuldiät.

darum sitze ich in minaretthöhe, oberhalb des friedhofs, auf einer von zwei weißen einander gegenüberstehenden bänken. die insekten kommen mir hier oben vor wie gemäßigte klangkonserven der stadt.

über die lichtung sirren spinnenfäden, schleppnetze für kleinere tiere. wirkungslos bei einem großen tier wie mir.

um ein letztes mal auf die delphine zurückzukommen. seit dem kalten krieg trainiert das militär die säugefische, kampftaucher und minen aufzuspüren. eine heimliche patrouille vor dem präsidentenpalast.

gezi park ist ein moment, tarabya ist ein moment, der bosporus ist eine weile. tausendspurige schlagader, die in die herzen seiner bewohnerinnen führt. projektor für das daumenkino der viertel. mit dem untertitel: istanbul oder eine hand voll möglichkeiten, im sprechen innezuhalten.

möwen bergen ein wissen, geheimer als das der schwalben. vor dem wetter umschwung.

variation auf das chapman-zebra florian

florian ist ein reanimierter straßenübergang

florian ist ein barcode

florian ist hundert latte macchiatos

florian ist die großaufnahme eines fingerabdrucks

florian ist eine aufgedrehte jalousie

florian ist eine leiter ins nirgendwo

florian ist quer auf einem sedierten zebra ein spielbrett

florian ist das kerbholz, die strichliste von tag und nacht

florian ist ein fohlen, lebenslang im knast

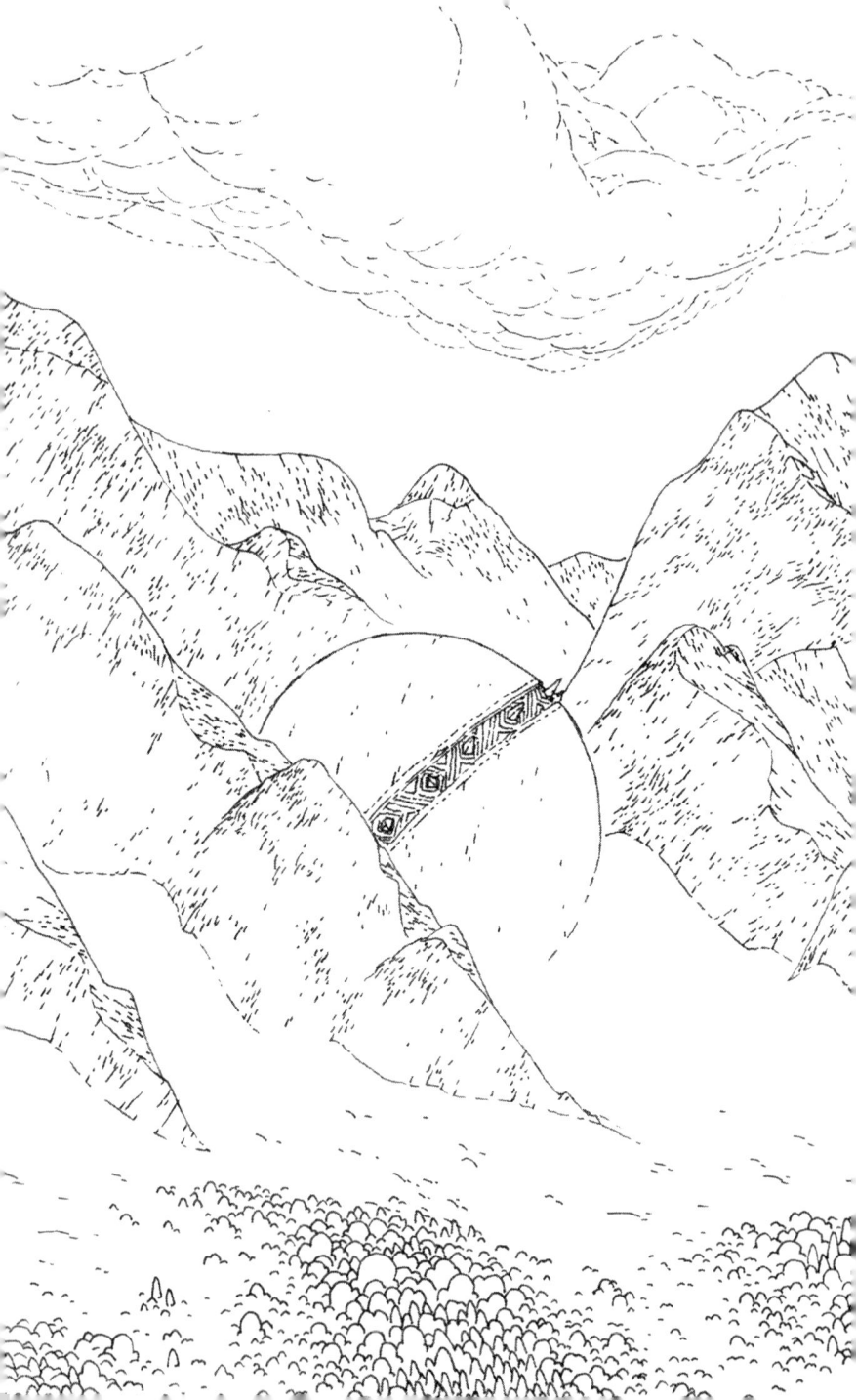

marschflugkörper

frühling und ich betrachte
die disteln, stichpunkte für ungesagtes
vom wind verteilt
aufgerichtet, niedergedrückt

doppelter umbruch
zwischen deinen schneidezähnen
planken, piratenmannschaft, säbelschneiden
gebete weit über das kreischen
der möwen hinaus

ich möchte dich bitten
dass du dieses gedicht nimmst
mir damit die zunge schleifst

mich zurückbringst zu den krokusufern
deiner kriegsberichte
wo sich mein gebiss verkantet

wo sich mein gebiss verkantet
ein fuchsschwanz
im frisch gefällten schlauchboot

ich erinnere mich auf hebräisch
wie du gegen ein glas lehnst
ihm gut zuredest
schleierwolke, treibstoff
ein aufgehauchtes blatt papier

unter mehrsprachigen böen
habe ich diese barke
in deinen mund gesegelt
seine staubige außenhaut
dir auf die kehle gesetzt

oder wie nanntest du das noch
als wir uns trauer
unter die augenlider schoben

meine liebe war so tief
mariannengräben, grand canyons, baltis vallis
rieselte seit wochen aus unseren bärten

will sagen: wir waren flugzeugaristokraten
mit brillen aus bleiglas
sesseln aus granit
piloten, die sich in kanonenkugeln verwandeln konnten
und wäre krieg gekommen
hätten wir uns prächtig amüsiert

take me back to the shore
of your mouth to every word
that hums in sounds of war
die sprache zu wechseln
bedeutete nur das verwischen der eigenen spuren
nicht etwa laufen über wasser

eines tages wachte ich auf
und fragte, ob das nun das ende war
die sprache endlich aufgehört hatte
sich mit funktionären einzulassen

das laken behielt seine form
lange nachdem deine schritte das treppenhaus
ausgemessen hatten wie fledermäuse

newsfeed vor den augen
unbestellte weideflächen, pick-up trucks
chaotisches terrain der schwesterplaneten

bis mir das fehlende im mittagslicht
vom schalldurchbrechen eines düsenfliegers
die plastik deines betts zusammenbricht

nachts fühle ich die hieroglyphen
meiner organe leuchten
als hätten sie einen notruf empfangen
den ich nicht entschlüsseln kann

hinter uns der himmel
bevor die sonnenuntergänge
zum sonar für marschflugkörper
bevor die an turbinen geknüpften engelshaare
zu narben internationaler flugräume

das motto ist: die schönheit der explosionen

dass die toten dereinst zurückkehren
einen strauß blühender disteln
in den ungeübten händen

in wohnzimmern werden sie stehen
die augen zugekniffen
vor dem dröhnenden licht
und keiner von uns wird wissen
ob sie das sprechen
oder wir ihre sprache verlernt haben

in einer anderen vergangenheit
würde ich wirklich gern das mittelmeer überqueren
mit dir auf einem dampfer
garantiert ohne eisberge

würde eine flasche aus dem bullauge halten
sie mit himmelsblau füllen
sonst nichts

die strände barcelonas anpeilen
wolkenbleiche kissen mit dir teilen
sonst nichts

kopiloten in ihren träumen wiegen
ihnen zuflüstern:
alles lässt sich regeln

vorbei an entlaubten inseln
wie an wiederbelebten korallenwälder
mit dir auf die steigende wassermarke warten

von gibraltar zum suezkanal
blindenschrift der boote, körper, plastikbeutel
die partitur des meeres

vierhundert fermaten auf dem meeresboden

und der himmel
ist nur himmel und nichts, aus dem wir
schreiend herausbrechen

eines tages würde ich wirklich gern
gemeinsam auf einem dampfer in den abend ragen
meteoritenkrater zählen statt baumringe

die stille zwischen den planeten
die stille am ende eines atemzugs

vom ende her gedacht ist jedes bernsteinzimmer
ein geheimnis, das uns gerettet hätte

wir werden in betten liegen
stille skandieren und nichts
hören als wühlende schiffsschrauben

an den flussmündungen werden die tiere
mit den hufen scharren im schlaf
als ahnten sie
das mittelmeer könnte nicht
der einzige ort bleiben zum sterben

stille vor der detonation
stille am ende eines atemzugs
stille vor dem eintreten der cockpittür

bevor wir auf eine steilwand schlagen
schnell wie marschflugkörper
hundertfünfzig splitter
bleiern fallen wie licht
erhaben wie rauch

fußnoten zum schnee

schnee ist der schuppenbefall der wolken

schnee ist schmuggel ohne aufwand

schnee ist die sendepause der landschaft

schnee ist die ableitung von regen, der die inversion der flüsse ist

schnee ist die digitalisierung der aussicht

schnee ist gott, der in seine kokosschale niest

schnee ist dekonstruktion als begehbares modell

schnee ist das streusalz der luft

schnee verhält sich zu wasser wie das wort zum gedanken

eine jahrzeit, in der amos oz mal wieder nicht den nobelpreis erhält

daniel im feuerofen

in jerusalem teilen wir uns ein bett
mit zwei salamandern
die bei tag die erschöpften laken bewohnen

wir wippen vor einem stück mauer
schleppen das kreuz durch die stadt

derzeit fühlt sich arbeit an
als würde ich eimer mit wasser füllen
und zum mittelmeer tragen

ein geflügeltes maultier mit menschengesicht
führt mich heim am abend

schon wieder ist der älteste mensch
der welt gestorben
es hört einfach nicht auf

noch ein jahrhundert wie dieses
und wir werden allein sein auf der welt

fahre über das papier, die blühende luft

sage dir auf, was du weißt: dass die freunde ihre hand
über deinen rausch halten

dass du deine lyrik in den neuschnee pinkelst
sicher sein kannst, bald ist sie fort

dass der blutdruck der grenzflüsse
ein tinitus, vor dem du die ohren verschließt

dass glimmende wolkenpaläste auf dem weg nachhause

dass du an eigenen fehlern sterben wirst
wie die helden einer tragödie, nicht wie tiere

dass lots frau dichterin gewesen sein muss
dieser zwang zum blick zurück

dass du mal wieder vergessen hast
deine kerzen zu löschen und jetzt steht alles in flammen

buchara. dreifach belichtet

—

in buchara bestrafte man mörder
indem man sie in die rotunde des kalon-minaretts hievte
in einen sack stopfte
und in steiler flugkurve
dem bodenmosaik überantwortete

katzenbabys, wäre der boden ein fluss

—

für die kuppel der mir-arab-madrassa
und die fliesen des u-bahnhofs samariterstraße
wurde die gleiche türkise glasur verwandt

diese begrenzte art auf welche dinge
nicht zusammenhängen

—

dreitausend kilometer von odessa entfernt
spielt eine geigerin einen nigun
unter nickenden pappeln
und keiner dreht sich nach ihr um

das ist schon mal ein anfang

lesung vor dem leeren denkmal in babyn jar

unter dem baum
liegt ein soldat in tarnkleidung
und ist kaum zu erkennen

die dreißigtausend zuhöhrer*innen
aus dem kartenvorverkauf wurden erschossen
darum lesen wir allein

natürlich ist auch hier spätsommer

natürlich tragen wir das unterhemd gebügelt
beantworten fragen, schütteln dem deutschen kulturattaché
die zuvorkommende hand

in den alleen schnurren die kreissägen

czernovitz—lemberg

wie verhält sich die steppe
die das licht in den augen durchquert
zum wechsel der zeiten?

zum altweiberschädel der weisen

zu den heiligen in der krachenden heide

mir hat nie einer beigebracht
wie man mit veteranen tanzt
ohne sich vor ihnen zu verneigen

heuballen zwiebeltürme
nachwachsender betgemeinden
auf feldwegen die doppelte naht der traktoren

heiseres buchenland
wo jeder stein eine zukunft markiert
flicken einer wieder zu errichtenden stadt

traumzauberbaum

kürzlich besuchten wir
ein berliner hotel
an dessen wänden bäume hingen
als schauten wir aus einer waldhütte hinaus

auf dem podium saßen drei juden
die wirkten, als hätten sie sich nach dem gottesdienst
nicht schnell genug aus dem staub gemacht

wir lauschten ihren reden
wie dem text einer kinderplatte
dachten, wenn jetzt jemand an die körper stößt
springt die nadel aus der spur
warteten gespannt

tel aviv im september

das porträt ben gurions
erinnert an einen wohnkomplex
sekunden nach der kontrollierten sprengung

die haare meiner tante kräuseln sich
sobald sie in israel landet
sie spricht dann von jüdischen genen

eigenartig, dass dieses land
zwischen daumen und zeigefinger passt

dass die haushalte bald
mit heimischem gas versorgt werden

dass schwarze katzen wie zensurstreifen
zufälliges unlesbar machen

sich bei sonnenuntergang lautstark unterhalten
als wüssten sie nicht, dass jeder sie versteht

spartanische notiz

ich schreibe im kollektiv
um die einzelteile zusammenzuhalten
in die im dämmerlicht alles zerfällt

wellblech als diaspora von eisenerz

feldsteine als zwiebelfische
im setzkasten der kontinentalplatten

die überlandleitungen ausgerollte berge
zeilenhilfe für den aktuellen
wochenabschnitt erde

elektrizität als bach ohne flussbett

chitingrüne spulen der strommasten
statisch summende zikaden

die einsamkeit der hiesigen tempel
ist teil einer anderen liturgie

ferghanatal, dreifach belichtet

—

das ferghanatal entspricht dem geräusch
das ein gedichtband beim umblättern macht

fröhlich ist, wer sein grab errichtet
bevor andere ihn hineinlegen, fröhlich, wer die welt
vergessen hat, bevor sie ihn vergisst

merke: es genügt nicht, keine berge mehr zu sehen
damit ein tal aufhört, tal zu sein

—

wegen umbau geschlossen
laminierter untertitel
am museum für politische unterdrückung

in wenigen stunden wird es so heiß sein
dass die sonne einem das hemd
auf dem körper plättet

und kommen die hänge ins rutschen
werden soldaten sie mit ihren gewehren
wie zeltstangen stützen

—

wenn basilikum die lieblingspflanze
des präsidenten ist, ist steppe dann
ein subversiven akt?

für itzig manger

einen sommer dachte ich
es würde genügen, eine kneipe zu eröffnen
und itzig manger kehrte zurück

der wodka passierte grenzen
mühelos, als hätte ich eine schmuggelroute entdeckt

einen sommer dachte ich
zwischen mir und allem was ich habe
leuchten handtücher im sand

tote verwandte prosteten mir zu
je näher ich der front kam
desto mehr von ihnen saßen im publikum

ich beschränkte mich zunehmend auf gesten
die einmal entscheidendes bedeutet haben mochten
woran ich mich aber nicht mehr erinnerte
so sehr ich mich auch bemühte

vor der küste lakoniens

ich habe einen orthodoxen priester
mit sonnenbrille gesehen
überpokert von wellen

die geschlossenen augen der felsen
als würfelspiel

schatten, die sich dehnten wie pathos

sah das licht baumeln
im bauchladen der berge
mit kupfernem bezug

das städtchen unbezwingbar
der abgezockteste blick, den ich jemals

keiner konnte mir sagen, wer gerade vorne lag

setzte mich auf ein herzass
und begann
mich mit olivenkernen zu beschweren

so windig ist es gewesen

zu schönbergs moses und aron

ist kein zwitschern, kein klackern
die magneten schweigen in unseren köpfen

in den zweigen trillert tod
grutzt als pharaonenziegenmelker

april, brutalster aller monate
gräbt uns fluchten in die landkarte der unterarme

die sonne liegt als säge auf der zunge
in streifen auf dem mantelkragen
zerhackt worte wie stotternde motoren sich entfernender boote

ich denke uns als figuren
einer unvollendeten oper
die sich in frachträumen schmiegen
erschöpft sind wie wolken, erhaben wie regen

grutzender tod in den zweigen
unbeirrt von den heckenscheren
mit denen wir meere zerschnitten

liebster aron, wir müssen uns die paketscheine
von den herzen ziehen, dürfen keine sätze
mit damals sogar früher mehr denken

denn die wände der gegenwart
rücken auf uns zu wie ränder einer wunde
die nur offen bleibt, solange du mir die arme hältst

eine jahrzeit, in der amos oz mal wieder nicht den nobelpreis erhält

der ventilator in cartagena

der ventilator beschleunigt die nacht

der ventilator ist ein trabant mit einem schweif aus wind

der ventilator ist chatschaturjans säbeltanz

der ventilator verhält sich umgekehrt proportional zur körperflüssigkeit

der ventilator ist teil der rhythmusgruppe des zimmers

der ventilator ist ein eingemauerter helikopter

der ventilator ist ein smoothiemaker für gestank

der ventilator ist ein konzentrationstest für kung-fu

der ventilator sagt warte nur, bald ruhest auch du

kosher nostra

samuel »red« levine (1903—*unbekannt*)

es beginnt mit einer prophezeiung
der herr werde den priester
eli und dessen söhne
von seinem altar fortreißen
sie dahinmeucheln
also hauchten sie ihr leben aus
ermordet von philistern
mit vor schreck geweiteten armen
gebrochenem genick

über zwei millenia später
ist samuel das instrument des herrn
hebrew hammer der unterwelt
killer in der eisenstadt
kippa unter dem schlapphut
der keine aufträge annimmt am jom tov
sich in einen tallit hüllt
zu nicken beginnt
bevor er zur waffe greift
die partitur g'ttes zu dirigieren

shabbatai zvi (1626—1676)

shabbatai wurde geboren
am samstag eines mageren tischa beavs
in der osmanischen stadt smyrna
wo ihn seine ersten visionen
übermannten wie freundschaftsanfragen
als gelte es die schalen der sephirot
mit followern zu füllen
shabbatai zvi
mit wackerstein und mistgabel
aus seiner stadt vertrieben
der eine verhüllte tora heiratete
sich mit dem jerusalem-syndrom infizierte
heilung suchte bei nathan von ghaza, ausgerechnet
der sich aber ebenfalls ansteckte
die nachricht verschickte
der lang erwartete sei gekommen
die juden zu freien
shabbatai zvi
der eine synagoge besetzte
und verkündete *der anfang ist nah*
in istanbul vor die wahl gestellt ob tod
oder leben mit pauken und trompeten
zur enttäuschung der bewegung
zum islam konvertierte

edward »monk« osterman (1873—1920)

die melone auf dem kratzbürstigen haar
statt augen im gesicht
zwei bull's eyes
die dich taxieren
schlägerei 15
überfall 25, mord 50

mönch eduard meldet sich
freiwillig zum weltkrieg
mit schlagring und riesenkeule
springt als erster aus dem graben
den krauts eins mitzugeben
ganz ohne aufpreis

des einen flandern
ist des anderen lower eastside
sitzt im schaukelstuhl mit straferlass
katze auf dem schoß
die sich verkriecht
beim zucken der oberarme

als hätten sie ein signal empfangen
aus dem gedächtnis der muskulatur

#annefrank (1929—1994)

zuletzt sahen wir sie
auf dem schlachtengemälde
einer ausstellung im hamburger bahnhof
über das black mountain college
north carolina

die aufnahme stammt
vom anfang der nachkriegszeit
die fakultät steht versammelt um eine linde
an der lehnt mit offenen haaren
eine frau

die infotafel sagte
ihr name sei anni albers aber wir
wir wussten anne frank
war die flucht in die usa gelungen
wo sie unbehelligt vom medienrummel
hochbetagt verstarb

abner »longy« zwillman (1904—1959)

6 fuß, 2 inches hoch
dritter von sieben hohepriestern
geboren in new jersey
rufname *langer*

nahm seinen zehnten vom alkohol
abonnierte die steintafeln
demokratischer kandidaten
in seinen club wie berg sinai

das haar der geliebten eine frage
auf die er schlicht platinblond antwortete
bevor jean harlow zur beichtmutter
von los angeles wurde

nicht einmal bei ihrer bestattung
betrat er eine kirche
hielt sich rein für die zeit
da der messias zurückkehren würde
ihn zum tempeldienst riefe

max von oppenheim (1860—1946)

max von oppenheim
archäologe und kölner monarchengroupie
der orientalische schönheiten angräbt
verschüttete paläste
den politischen islam

lululu, lululu, lululu

promotour des kaisers
durch das osmanische reich
stiftet in damaskus ein mausoleum für saladin
schon nennen ihn die muslime
haji wilhelm

lululu, lululu, lululu

der teutonische drang nach osten
abu djihad und haji wilhelm
wer hätte ahnen können, dass die deutschen
einen heiligen krieg ausrufen
um auch diesen gegen die briten zu verlieren

arnold rothstein (1882—1928)

zwanzig jahre im geschäft
an den sohlen algengrün
dabei alles schon auf schwarz gesetzt

kreidegrüner maßanzug
man erzählt sich, sogar lucky luciano
engagierte ihn als stilberater

die lampen in den spielhallen
leuchtende geldstücke
prophetengrün der druckerschienen

panorama, über das seine hand fährt
in sanfter kurve
carmelgrün der pokertücher

maschas jagdgrün, an das er denkt
den queue in einer linie
mit auge, cue ball und schwarzer acht

siebenundzwanzig stunden
götterdämmerung am billardtisch
und noch immer kein zittern in der hand

jack guzik (1886—1956)

liebermann oder tucholsky
mussten ihren brechreiz unterdrücken
als die nazis mit fackeln
vorbeimarschierten

guzik ging es nicht anders
als die richter erst sein geld
und dann mit seinen mädchen schlafen wollten
cheap goys, never wanted to spend a nickel

alljährlich die roshhashanahkarten
an frau und kinder
von capone mit lieben grüßen
dem hatte er einmal das leben gerettet

als er in chicago erst verprügelt
und dann als dreckiger jude beschimpft wurde
zeigte scarface sich erkenntlich

machte die rüpel in einer bar ausfindig
schoss ihnen ins gesicht
versenkte fünf kugeln
in ihren ungläubigen körpern

dutch schultz (1901—1935)

die erste million verdient
mit dem schmuggel von gärweizen
so gehört sich das für ein kind deutscher eltern

schnitt seinen opfern das herz heraus
warf es in einen mülleimer
als würde er sich fussel von der schulter wischen

erfinder fordistischer arbeitsteilung
sniper, killer, mathegenie
und einer armada für kleinere handarbeiten

ich hätte schon gern ein paar kurze
mit ihm gekippt, aber mache mir keine illusionen
gangster machen gangstershit

und sicherlich hätte schultz auch mir
zum andenken einen streymel aus beton geschenkt
mich im hudson river versenkt

die verwaltungsdecke in stuttgart

die verwaltungsdecke ist ein schleppnetz für rieselndes plankton

die verwaltungsdecke ist eine fliegenpupille

die verwaltungsdecke ist das spielbrett eines reisehalmas

die verwaltungsdecke ist die vogelperspektive nach dem luftangriff

die verwaltungsdecke ist eine akupunkturpuppe

die verwaltungsdecke ist die wange nach christal meth

die verwaltungsdecke ist der nordseestrand bei stuttgart

die verwaltungsdecke ist kraft durch abhärtung

die verwaltungsdecke ist ein schaltkreis aus überflüssigen erden

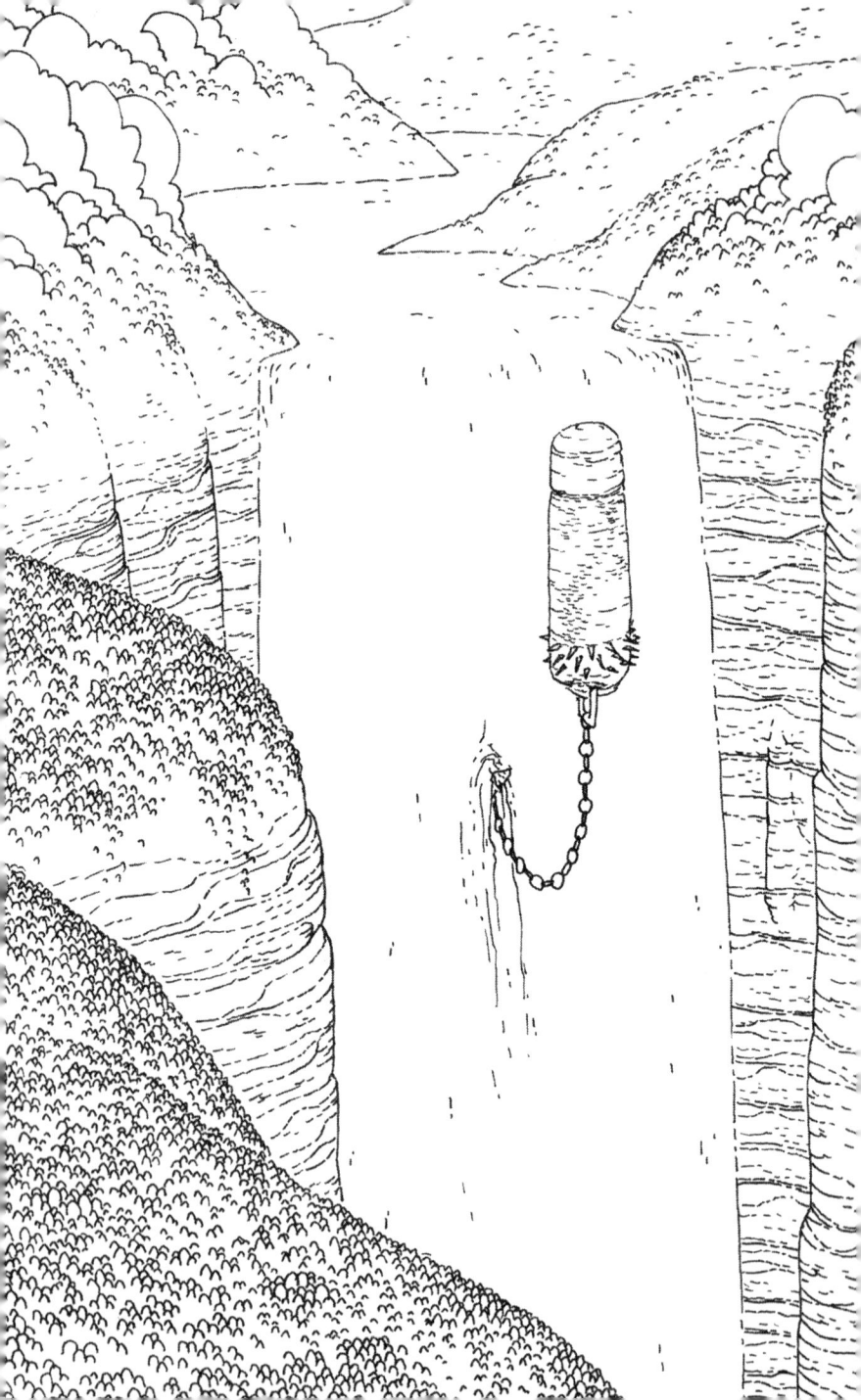

topologie
der hitze

eine topologie der hitze schreiben, cartagena zweitausendzwölf, wo es nur pendeln geben konnte zwischen ventilator und klimaanlage, die unruhe in den beinen, nannte sie eine heiße, auf der dachterasse dunkle getränke, horizontal und schwer erkennbar an ästen hängendes faulgetier, knurrige regenwolken tiefdruckgebiete zweiter ordnung, die beindicken, die armlangen echsen, die sich erst hinauf rappelten, wenn kein zweifel mehr bestand, wir kämen den weg hinab zurecht, es hätte sein können, wir wären im schatten geblieben, wachtelei in der einen, tabasco in der anderen und hätten uns mit den glimmenden sandsteinen der altstadt arrangiert.

eine topologie der hitze schreiben, marseille zweitausendfünfzehn wie geschichteter schiefer, körperschlämme, batikproduktion der busfahrten, für die man sich bereits beim lösen des tickets entschuldigen möchte, abgebrühter mistral an der stadtreling, der salziges wasser südwärts treibt, flaggbarkassen ohne überseeische zukunft, santa maria oder jeder ist sich sein nächster kolumbus sucht ein jenseits der bekenntnisse, das gute leben im schlechten, seltene erden die im drüsengestein lagern, als karte auf unseren segeltüchern eine erinnerung an die kühlung osteuropäischer tage, die abgestreifte haut.

eine topologie der hitze schreiben, tacheles zweitausendneun, plüsch auf den bänken, plüsch auf den hockern, plüsch am dj-pult, der aufgebockte trabbi im innenhof, in dem wir lungerten, touristen beschimpften, witze verramschten stundenlang herkunft schleuderten, waren feuerspuckende drachen, die ihre aufgeplüschten herzen bewachten, wiesen verdampfen ließen, königshäuser verrieten, hitzeresistenter plüsch, als ich meine ersten zeilen durch die nase zog, mich auf ateliertoiletten einnistete, in alle richtungen verteilte, hitze, die mich an der schädeldecke spaltete, auf die tanzenden tropfte, von dritter person singular in plural schaltete.

eine topologie der hitze schreiben, wie zweitausendvierzehn mit bärtigen birkenzweigen, über der radachse glühenden steinen und in jede richtung baikal, ein glöckner, der sich nach dem läuten die stirn wischte, jeder tropfen ein pling zwei einheizer, die ihr ganzes geld hinter sich schippten, schwitzhütte bestückten in der wir saßen und schwitzten, in das eisbecken fielen mit dem ehrennamen baikal, süßwassermythos, atlantis meiner ostsee, wo hitze sich verlor wie vineta drei tage sonntag später, gestautes geläute an der grenze im süden, atem in klebrigen zügen, hinter verschlossenen türen, hitze mit dem denkfinger berührten.

eine topologie der hitze schreiben, jordanien zweitausendzehn, die königin über den ausnahmezustand mit rotweißem schal, gewickelt in gebrannten stein am ende einer schneise hollywoodstreifen, von wänden reflektierte fehlleistung müsste heißen: petra, oder der körper hebt die fäuste wie blinzeln, fährt durch lawrence wadi von arabien wieder und wieder, fällt in den schlaf wie zeitreisen kieselkatzen, ziegelhitze, wüste oder was du siehst, wenn du die augen schließt aus kristallfarben geschnittene straßen, der tote vater im türrahmen sag wie geht es dir, sagt mir geht es gut, sag was hast du die ganze zeit gemacht, sagt ich habe auf dich gewartet.

eine topologie der hitze schreiben, buchmesse frankfurt zweitausendachtzehn fünf stunden sprinter oder enden hier meine drei jahrzehnte schonzeit, und was von mir kauert noch atemlos im unterholz der letzten dinge, die noch nicht von suchmaschinen indiziert worden sind: meine vielblättrigen nacktheiten umklammerung der fernschalten, zurückweichen in umbrüchen. das auge auf dem display als dritte hand, gedenke der sichtbarkeit der kopfkapitelle im wärmebild der satelliten, der emaille der amphitheater, der zum siedepunkt gesteigerten verlustanzeigen, wer, wenn ich schriee, hörte mich von meinen followern.

eine topologie der hitze schreiben, hamburg zweitausendsiebzehn für alle, die mit einem bier in der hand an der ecke standen und taten, als ob sie mit einem bier in der hand an der ecke standen, für das auto, was da verdampfte war kein mercedes sondern ein bmw, für brennende gegenstände sind keine brennenden menschen für das heißt nicht terror sondern kritik am system, für wenn ihr ehrlich seid, habt ihr das doch kommen sehen, für wenn euch das recht egal ist, ist uns das doch auch recht, für alle polizisten, die noch auf ihren prozess warten, für in erwägung unserer schwäche machtet ihr gesetze, die uns knechten sollen, für die gesetze seien fortan nicht beachtet in erwägung, dass wir nicht mehr knecht sein wollen.

werkstattbericht

ich möchte das kleinkind einmal
rückwärts von der landstraße laufen sehen
die flasche, wie sie das bier
aus dem lastwagenfahrer schluckt

ich möchte den waldsaum einmal
wie eine lunte in das dorf

schwebefliegen als funken in der dämmerung

deinen mund als verheiltes wunder

auf dem handy tauche ich immer
rückwärts aus der ostsee
und bin trocken